Dorothée Waechter

Mit Blumen durch den Winter

Dorothée Waechter

Mit Blumen durch den Winter

Sträuße, Gestecke und Dekorationen zum Selbermachen

NaturBuch Verlag

Die deutsche Bibliothek –
CIP-Einheitsaufnahme:

Mit Blumen durch den Winter:
Sträuße, Gestecke und Dekorationen zum Selbermachen / Dorothée Waechter. [Fotogr.: P. Jarosch]. – Augsburg : Naturbuch-Verl., 1996
ISBN 3-89440-223-7
NE: Waechter, Dorothée; Jarosch, Petra

Die im Buch veröffentlichten Ratschläge wurden von Verfasserin und Verlag sorgfältig erarbeitet und geprüft. Eine Garantie kann jedoch nicht übernommen werden. Ebenso ist eine Haftung der Verfasserin bzw. des Verlages und seiner Beauftragten für Personen-, Sach-, und Vermögensschäden ausgeschlossen.

Redaktion: Michael Schönberger, Augsburg
Titelfoto: Klaus Lipa, Augsburg
Fotografie: S. 1, 2, 22, 23, 24, 25 Klaus Lipa, Augsburg; alle anderen P. Jarosch, Schutterwald
Umschlaggestaltung: Parzhuber & Partner, München
Layout: Andrea Burk
Produktion: Hampp-Verlag, Würzburg

NATURBUCH VERLAG AUGSBURG

Gedruckt auf umweltfreundlich chlorfrei gebleichtem Papier.

Satz: gesetzt aus der Rotis Serif 11/16 p von Print und Werbeservice Stuttgart

Druck und Bindung: Himmer, Augsburg

Printed in Germany

ISBN 3-89440-223-7

Inhalt

Vor 400 Jahren aus der Türkei zu uns gekommen symbolisiert „Tulipa“ wie kaum eine andere Blume orientalische Prachtentfaltung. Mit ihr zieht eine Ahnung von Frühling in unsere Wohnung ein.

Blumensträuße im Winter

Gleichgroße Blüten – hier Anemonen und Rosen – sollten durch kleinblütige Pflanzen aufgelockert werden.

Besonderheiten, die Sie beachten sollten

In der kalten Jahreszeit sind Blüten eine Kostbarkeit. Meist wird erst deutlich, wenn man viel Geld für Blüten hinblättern muß, welchen Wert sie haben. Der vorsichtige und behutsame Umgang und die intensive Pflege bekommen eine große Bedeutung. Das beginnt bereits beim Kaufen der Pflanzen. Lassen Sie sich Blumen bei frostigem Wetter immer in mehrere Lagen Zeitungspapier einwickeln. Das Papier isoliert gut und hält die Wärme.

Zu Hause – wo es mollig warm ist – dürfen die Blüten auch nur allmählich an die neuen Bedingungen gewöhnt werden. Gehen Sie wie folgt vor: Bereiten Sie einen Eimer mit abgestandenem Wasser vor und stellen Sie die Blüten im Papier hinein. Öffnen Sie die Verpackung nur oben. So lassen Sie die Blüten für ein bis zwei Stunden in einem mäßig geheizten Raum stehen. Nur exotische Blüten wie Strelitzien oder Anthurien können gleich in einen wärmeren Raum gestellt werden, denn sie werden leicht fleckig und braun bei kühlem Klima.

Grundsätzlich sollten Sie die folgenden Standorte für frische Schnittblumen vermeiden:

· nahe an den Heizkörpern
· in der prallen Sonne
· an zugigen Standorten
· neben frischem Obst
· in sehr lufttrockenen Räumen.

Frühlingsblumen wie Tulpen, Narzissen, Iris, Schneeglöckchen und Veilchen halten bedeutend länger, wenn sie zumindest in den Nachtstunden in kühle Räume gestellt werden. Bei hohen Temperaturen verbrauchen die Pflanzen nämlich wesentlich mehr Energie, deren Vorrat begrenzt ist.

Außer Schneeglöckchen, Veilchen und Christrosen gibt es im Winter kaum etwas aus dem eigenen Garten zu ernten, es sei denn, Sie schneiden Blätter und Zweige von Immergrünen und Frühlingsblühern ab. Achten Sie in jedem Fall darauf, daß Sie nur bei frostfreiem Wetter schneiden, um die Pflanzen zu schonen. Und natürlich muß auch hier eine angemessene Zeit verstreichen, in der sich die Zweige und Pflanzen an die veränderten klimatischen Bedingungen gewöhnen durften, bevor Sie sie verarbeiten.

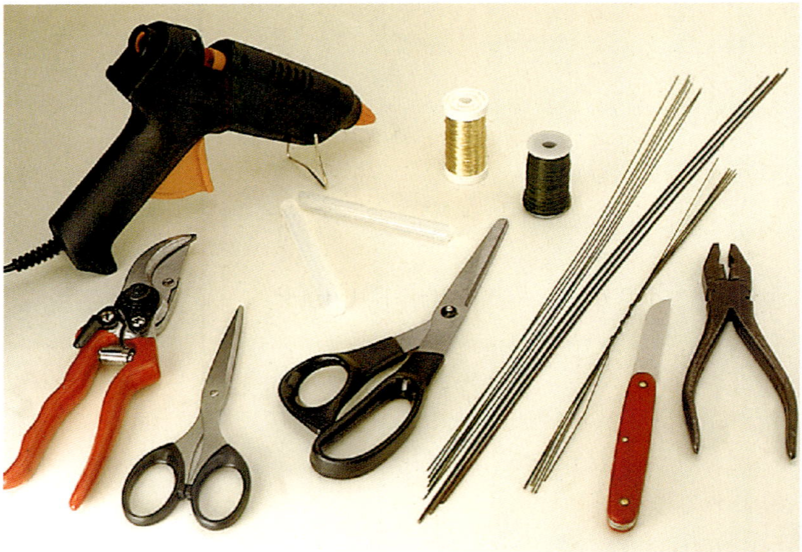

Der Arbeitsplatz

Unerläßlich für das Arbeiten von Sträußen und Gestecken ist eine freie Fläche in einer angenehmen Höhe. Hier legen Sie sich das Handwerkzeug und die Utensilien bereit, richten Vasen und Wasser her und natürlich dürfen die Schnittblumen nicht fehlen. Ein kleiner stabiler Karton ist nützlich, wenn Sie Gestecke erarbeiten, denn so können Sie leichter alles im Blick behalten, ähnlich wie der Betrachter, der an einem Tisch vor dem Gesteck sitzt. Einen Strauß können Sie dagegen vergleichsweise einfach hoch oder niedrig halten.

Das Werkzeug

Das wichtigste Werkzeug in der Blumenbinderei ist das Messer. Es sollte sehr scharf sein, denn nur so können Sie die Blüten gut anschneiden, ohne das Stielende zu quetschen. Ebenso sollte die Blumenschere, die Sie zum Schneiden von dicken oder verholzten Stielen verwenden, sehr scharf sein und dieses auch dauerhaft bleiben. Folgende Werkzeuge sollten Sie weiterhin immer an Ihrem Arbeitsplatz bereit halten:

· eine Bastelschere zum Schneiden von Bändern und Schleifen,

· einen Hammer zum Aufklopfen von holzigen Stielen,

· eine Kneifzange zum Schneiden von Draht.

Wer häufiger Sträuße selber bindet, sollte natürlich auch immer Steckmoos, Steck- und Stützdraht, sowie Blumenband, Zier- und Bindedraht und Bast im Haus haben. Hilfreich für das Befestigen von Steckmoos sind kleine Pinholder. Heißklebepistole und Blumenkleber können die Arbeiten ebenfalls erleichtern.

Zu jedem Blumenschmuck das richtige Gefäß: Schalen, Vasen und andere Gefäße

Erst wenn ein Strauß in der richtigen Vase seinen Platz gefunden hat, ist die Gestaltung perfekt. Dabei ist es wichtig, daß Sie die folgenden Dinge in Einklang bringen: die Form von Vase und Strauß, die Farben, die Proportionen und der Stil. Ein modern gestalteter Strauß wirkt beispielsweise in einem handgetöpferten Tonkrug gar nicht. In einem schlichten Glasgefäß dagegen kommt er sehr gut zur Geltung.

Bei den Proportionen wird von Floristen das Verhältnis 3:1 von Höhe des Straußes zu Höhe der Vase empfohlen. Dieses sollte aber nicht zu streng gesehen werden, denn das Wichtigste ist zunächst, daß der Strauß guten Halt und sicheren Stand hat. Für kleine und große Sträuße kann daher diese Faustformel nicht stimmen. Aber bei mittelgroßen Arrangements können Sie sich getrost daran halten.

Nun ist das Angebot an Vasen natürlich sehr groß und wenn der Stil paßt, harmoniert die Form vielleicht nicht. Deshalb empfehle ich Ihnen, sich immer einige schlichte Gefäße zu besorgen, die Sie vielfältig verwenden können.

Für Gestecke brauchen Sie meistens flache Schalen oder Schüsseln. Hier gibt es im Handel ganz schlichte Ausführungen, denn meistens wird das Gefäß durch die einrahmenden Blätter und Zweige fast vollständig verdeckt.

Tip:
Auch auf dem Trödelmarkt findet man immer wieder hübsche Gefäße, die sich für die Blumenkunst zweckentfremden lassen. So können Gestecke auch sehr dekorativ beispielsweise in Suppenterrinen oder alten Kupferkesseln wirken.

Eine alte Suppenterrine eignet sich gut für ein Gesteck: Pinholder werden auf den Gefäßboden geklebt, Steckmasse darauf gesteckt, das sich vorher im Wasser vollsaugen durfte.

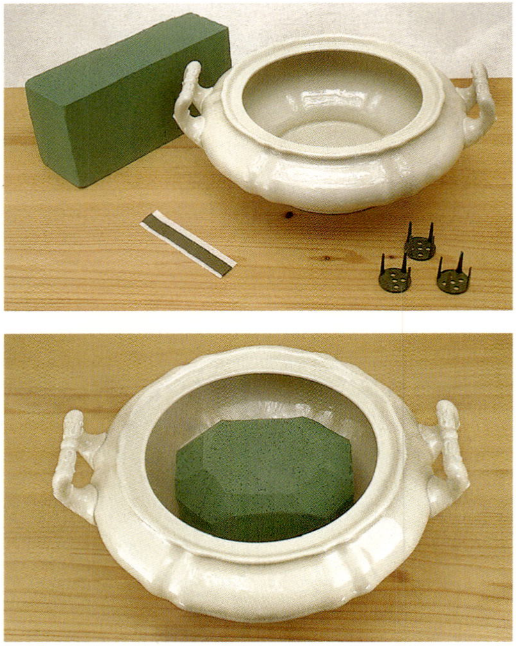

Steckmasse – künstlich oder natürlich

Gestecke brauchen eine Grundlage, in der die Stiele festen Halt finden. Es gibt verschiedene Möglichkeiten: Sie können künstliches Steckmoos oder einen Kenzan, auch als Blumenigel bekannt, verwenden oder engmaschigen Draht, Zweige und Grasbüschel.

Steckmoos wird als grüner, trockener Block angeboten. Die grünliche Masse füllt sich leicht mit Wasser und stellt dadurch einen idealen Speicher für Schnittblumen dar. Wichtig ist, daß man das Steckmoos auf die Oberfläche eines mit Wasser gefüllten Eimers legt. Keinesfalls darf das Material ins Wasser gedrückt werden, denn sonst schließen sich die Poren und das Innere bleibt trocken. Wenn man es richtig macht, zieht sich das Material durch das zunehmende Gewicht langsam selber unter Wasser und füllt seine Poren vollständig. Der Kenzan ist aus Metall und hat wie ein Igel zahlreiche Nadeln, in die man feste Stiele stecken kann. Kenzane gibt ist in verschiedenen Größen. Sie können immer wieder verwendet werden. Allerdings eignen Sie sich nicht für weiche Blüten und sehr große Gestecke, da die Nadeln nur eine bestimmte Menge an Stielen aufnehmen können. Am besten eignet sich dieser Blumenigel, wie er im Volksmund genannt wird, für senkrecht aufgebaute Gestecke.

Aus engmaschigem Draht können Sie sich leicht eine Steckhilfe basteln. Dieser feine Maschendraht sollte verzinkt sein, damit er nicht rostet und die Qualität des Wassers dadurch beeinträchtigt.

Auch natürliches Material wie Zweige und feste Grasbüschel geben einem Gesteck guten Halt. Dicke Zweige, die nicht biegsam sind, können Sie beispielsweise in kurze Stücke schneiden und in den Hals eines Kruges klemmen. Mehrere Zweige über Kreuz ergeben eine gute Stütze für die Blütenstiele. Bei Gräsern nehmen Sie einen kräftigen, abgetrockneten Büschel, beispielsweise von Chinaschilf oder Lampenputzergras. Wie einen Pinsel stecken Sie die Halme in das Steckgefäß und schneiden die unregelmäßigen Spitzen ab.

Gut vorbereitet

Kürzen Sie die Stiele alle auf eine Länge ein und entfernen Sie die Blätter bis zur Hälfte des Stieles. Bei Flieder und Rosen sollten sogar alle Blätter entfernt werden, denn sie verdunsten sehr viel Wasser, so daß die Blüten nicht mehr richtig versorgt werden. Dornen und Stacheln streifen Sie mit dem Messerrücken ab, damit Sie sich bei der Arbeit nicht verletzen.

Holzige Stiele werden nicht angeschnitten. Statt dessen klopft man die Enden vorsichtig mit einem Hammer auf, um die Gefäße für den Wassertransport zu öffnen. Sie dürfen aber nicht weich geklopft werden, denn sonst bewirkt man genau das Gegenteil.

Alle Pflanzen, die in ihren Leitungsbahnen einen Milchsaft führen, brauchen eine besondere Behandlung, damit dieser Saft nicht das Wasser verunreinigt, beziehungsweise der gerinnende Saft die Leitungsbahnen verstopft. Halten Sie Mohn und alle Wolfsmilchgewächse für wenige Sekunden in eine offene Kerzenflamme oder in einen Topf mit kochendem Wasser.

Beim Mohn hat diese Behandlung noch eine zweite Wirkung: Die feinen Härchen am Stiel werden verbrannt, damit Sie nicht im Wasser faulen. Alle stark behaarten Stiele halten durch diese Behandlung länger.

Wenn die Blütenstiele einen schleimigen Saft führen, muß man sie nach dem ersten Anschneiden für einige Stunden separat ins Wasser stellen, damit andere Blüten dadurch nicht beeinträchtigt werden. Ganz wichtig ist diese Behandlung bei Narzissen, deren Saft giftig ist, und bei Hyazinthen.

Alpenveilchen und Christrosen haben einen sehr weichen Stiel. Ritzen Sie diesen mit einer Nadel längs ein, so verbessern Sie die Wasseraufnahme.

Die wichtigsten Handgriffe

Wer mit Pflanzen floristisch arbeitet, sollte die folgenden vier Handgriffe gut beherrschen: Anschneiden, Drahten, Binden und Stecken.

Jeder frisch geschnittene Blütenstiel muß sauber angeschnitten werden, damit Wasser und Nährstoffe ungehindert in die Blätter und Blüten transportiert werden können. Schließlich ist der normale Transport von den Wurzeln in die oberen Sproßteile nun unterbrochen. Der Schnitt sollte leicht schräg verlaufen. Dazu das Messer leicht schräg halten und die Klinge in einem durch den Stiel durchziehen. Hierbei ist es ganz wichtig, daß die Klinge sehr scharf ist,

Von den Blumen entfernt man die untersten Blätter, dann fügt man immer von rechts einen Stiel dazu, den man schräg zum vorherigen hält – zum Anfang eine kleine Geduldsübung.

Tip:
Beschränken Sie sich bei einem Blumenstrauß auf maximal vier unterschiedliche Blütenformen!

damit die Gefäße gut geöffnet sind und nicht zerdrückt werden. Anschließend werden die Blüten so schnell wie möglich ins Wasser gestellt, damit sich die Leitungsbahnen nicht mit Luft füllen und dadurch verstopfen.

Nicht alle Blüten haben einen kräftigen Stiel, der die Blüten lange hält. Zum Beispiel lassen Gerbera recht schnell die Köpfe hängen, ohne daß die Blüten welk sind. Um dies zu vermeiden wird entweder in den Blütenboden ein Bindedraht gesteckt und in einer weiten Spirale um den Stiel gewickelt. Verwenden Sie nur grünummantelten Draht, damit dieser Kunstgriff möglichst wenig auffällt. Eine andere Möglichkeit, die aber viel Fingerspitzengefühl erfordert, ist die, den Draht durch die Mitte des Blütenstiels zu fädeln. Der Draht wird in der Mitte der Blüte eingeführt und bis nach unten mit einer drehenden Bewegung durchgezogen. Auch Blätter, die keinen Stiel haben, der sich leicht binden läßt, drahtet man an. Der Draht wird durch die dicke Mittelrippe des Blattes gezogen, auf der Hälfte umgebogen und um den kurzen oder schwachen Stiel gezogen. Nun das Blatt etwas umbiegen, damit es einen natürlichen Schwung bekommt.

Kleine Buchsbaumbüschel, Heu und Schleifen werden auch mit Draht versehen, damit sie tief in einen Strauß eingebunden werden können. Auch für Kränze oder Girlanden bereitet man sich kleine Büschel vor, die von Draht zusammengehalten werden. Achten Sie immer darauf, daß der Draht auf der Rückseite des Objektes fixiert wird, damit er unauffällig bleibt.

Das Binden des Straußes ist auch eine Frage der Fingerfertigkeit. Sie halten als Rechtshänder Ihr Werk – den Strauß – immer in der linken Hand und legen die Blüten mit der rechten Hand entgegen dem Uhrzeigersinn an. Linkshänder arbeiten genau umgekehrt. Die Hand, die den Strauß hält, sollte zu einer lockeren Faust geballt sein. Üben Sie diese Haltung und das Anlegen der Blüten zunächst mit einfachen Holzstäben oder trockenen Makaroninudeln. Dort, wo die Faust die Stiele hält, binden Sie später einen Bast herum, der mehrmals gewickelt und fest verknotet wird. Die Stiele dürfen nicht gequetscht werden, aber dennoch sollten Sie darauf achten, daß der Strauß seine Form nach dem Binden und einem Transport behält. Erst wenn der Strauß in die Vase gestellt wird, wenn alle Stiele nochmals frisch angeschnitten sind, wird der Bast gelöst.

Haltbarkeit ist eine Frage der richtigen Pflege

· Kontrollieren Sie deshalb regelmäßig den Wasserstand in der Vase.
· Frischen Sie das Wasser in regelmäßigen Abständen auf und schneiden Sie die Stiele gleichzeitig frisch an.
· Verwelkte Blüten und Blätter müssen so schnell wie möglich aus dem Strauß entfernt werden.
· Erhöhen Sie in der Nähe des Straußes die Luftfeuchtigkeit, aber besprühen

Sie die Blüten nicht direkt, sonst bilden sich Wassertropfen, die zu braunen Flecken führen können.

Die Gestaltung – Grundlagen für Anfänger und Fortgeschrittene

Handgriffe und Technik sind die eine Seite der Blumenbinderei. Die zweite Seite ist die künstlerisch-kreative: Die Farben eines Straußes sollten in sich stimmig sein. Wählen Sie also entweder nur einen Farbton für die Blüten aus oder mischen Sie ganz bestimmte Farben miteinander. Das können beispielsweise die Farben Gelb, Rot und Blau sein, oder Gelb und Orange, Rot und Blau, Rosa und Lila, Orange und Violett. Berücksichtigen Sie immer, daß grundsätzlich Grün in jedem Strauß vorhanden ist. Da diese Farbe von Blättern und Stielen sehr variantenreich ist, sollte sie mit in die Farbkomposition einbezogen werden. Jede Farbe sollte angemessen zu Geltung kommen. In einem Strauß mit hell- und dunkelblauen Blüten nehmen Sie beispielsweise von dem helleren Ton mehr Blütenstiele als vom dunkleren, da sich dieser auffälliger zeigt.

In einem Strauß gilt es, verschiedene Blütenformen in Einklang zu bringen. Zum anderen muß mit den Blütenformen auch die Gesamtform eines Straußes herausgearbeitet werden: Es gibt aufrechte Blüten, wie die von Rittersporn oder Levkoje, die aufstrebend-entfaltende, zum Beispiel bei Lilien, Narzissen und Strelitzien und die aufstrebende mit einem runden Endpunkt. Weiterhin gibt es die etwas geschwungenen Formen wie bei Anthurien, die herabfallenden, zum Beispiel bei Efeu und Jasmin, und die verästelte Form bei Schleierkraut und verschiedenen frühlingsblühenden Gehölzen. Versuchen Sie nun diese Formen in einen stimmigen Einklang zu bringen und beschränken Sie sich beim Aufbau auf maximal vier verschiedene Blütenformen, denn sonst wird der Strauß unharmonisch.

Außerdem müssen Sie beachten, daß großblütige Pflanzen wie Strelitzien, Anthurien und Lilien allein schon sehr wirkungsvoll sind. Bringen Sie diese nur mit kleinblütigem Beiwerk zusammen. Bei Blüten, die etwa die gleiche Größe haben, können Sie mehrere gleichwertige Pflanzen mischen, zum Beispiel Anemonen mit Ranunkeln. Dazu gehören natürlich immer noch einige kleinblütige Pflanzen zur Auflockerung.

Ein Farbton – hier Lila – bestimmt den Gesamteindruck. Alle anderen Farben sind Nuancen des Hauptfarbtons.

Hoffnungsvolle Gartengrüße

Die Ungeduld der späten Wintertage
- wer kennt sie nicht?
Die Erde im Garten ist von
Schnee bedeckt oder hart gefroren.
Ach, wenn es denn endlich
soweit wäre, daß die Sonnen-
strahlen das Wachstum wecken.
Diese Wehmut stillen vor allem
die Frühaufsteher im Garten:
winzig klein die Blüten von
Veilchen und Schneeglöckchen, zart
die ersten Blüten der Obstgehölze.
Es lohnt sich, ein paar dieser
liebenswerten Hoffnungsträger
in der Vase zu arrangieren.

Kostbar wie Edelsteine sind diese kleinen Veilchensträuße, denn Sie verbreiten einen Hauch von Lenz im Zimmer. Die fertigen Sträuße werden mit einem weichen Wollfaden umwickelt, damit sie fest zusammenhalten und die Stiele nicht zerquetscht oder beschädigt werden. Mit der Schere werden die Blätter rund geschnitten, damit sie eine natürliche Manschette bilden.

Die schönsten Sträuße sind lila

Die Duftveilchen, botanisch Viola odorata genannt, zeigen ihre ersten Blüten, sowie die Sonnenstrahlen Kraft und Wärme verbreiten. Der Duft dieser altmodischen Blume ist süßlich schwer und verbreitet sich angenehm rasch im Raum. In früheren Zeiten ersetzte so ein kleines Bukett der lila Schönheiten sogar den Tropfen Parfüm am Kleid.
In hohen Sektkelchen oder sehr schlanken Vasen kommen die biedermeierlichen Gebinde sehr schön zur Geltung. Als Mitbringsel wirkt es hübsch, wenn Sie um den Blätterkranz eine Manschette aus packpapierfarbenem Seidenpapier schlagen.

SO WIRD'S GEMACHT:

Wenn Sie die Blüten im Garten selber ernten, so sollten Sie die Stiele möglichst tief unten abschneiden oder mit den Fingerspitzen abknipsen. Wichtig ist nämlich, daß die Blüten einen langen Stiel haben, damit Sie sie locker halten können. Dazu wählen Sie die größten Blätter aus dem Polster aus und zusätzlich noch einige große Efeublätter. Nun die Blüten ganz dicht aneinander legen, so daß ein kleiner halbrunder Schirm entsteht.
Vorsicht: Die Stengel dürfen nicht gequetscht werden. Dieses Bund wird nun mit einem weichen Garn umwickelt, damit der Strauß Halt bekommt. Anschließend verteilen Sie die Blätter dicht um die Blütenkrone, so daß sie eine Manschette bilden. Schneiden Sie jedes Blatt mit einer Schere nach, so daß die Laubmanschette gleichmäßig rund ist. Wichtig: Die Veilchensträuße müssen möglichst tief ins Wasser gestellt werden, damit die Blüten gut versorgt werden.

Sie benötigen:

Duftveilchen
Veilchenblätter
Efeublätter

Tip:
Zum Wegwerfen sind die welken Veilchen zu schade. Trocknen Sie die Blüten und parfümieren Sie sie anschließend mit einem Veilchenöl als Potpourri.

Glockengeläut aus dem Schnee

Sie benötigen:

Schneeglöckchen

Beiwerk:
Erikazweige
Buchsbaum

Wenn die Schneeglöckchen es geschafft haben, dem frostigen Wetter zu trotzen, und sich durch die Erde hindurch schieben, werden in uns die ersten Frühlingsgefühle wach. Es ist wunderschön mitanzusehen, doch meist noch wenig angenehm, dem Schauspiel in der Kälte zuzusehen. Wer mit den Blüten nicht geizen muß, weil sich die Zwiebelblumen bereits weit im Garten ausgebreitet haben, kann sich auch einige Schneeglöckchen aus den Kissen ziehen. Und Sie werden den Verlust im Garten bestimmt kaum merken, zumal der Gewinn im Zimmer um ein Vielfaches größer ist. Wer keinen Garten hat, findet bestimmt auf dem Bauernmarkt einen Stand mit Schneeglöckchen.

SO WIRD'S GEMACHT:

Als Gefäß sollten Sie eine flache Schale oder eine Suppentasse wählen. Legen Sie in das Gefäß einen kleinen Bund mit dünnen Birkenreisern. So können Sie die Blüten leicht und mit Halt stecken. Bevor aber die Schneeglöckchen gesteckt werden, müssen Sie außen herum Buchszweige in die natürliche Steckmasse stecken. Buchs ist ein sehr dauerhaftes Beiwerk. Anschließend werden einige rotblühende Erikazweige dazwischen gesteckt. Nun noch die Schneeglöckchen in der Mitte verteilen. Wenn Sie nicht ganz so viele Schneeglöckchen opfern möchten, stecken Sie auch in die Mitte etwas Buchs und Erika. Wichtig: Die Blüten müssen gleichmäßig verteilt sein und die Steckhilfe sowie das Innere des Gefäßes dürfen nicht durchscheinen.

In einer alten ausgedienten Suppentasse wird ein Nest aus Schneeglöckchen gesteckt. Erikazweige dienen als kleine belebende Farbtupfer.

Dicht gedrängt sitzen die Schneeglöckchen nebeneinander, wie ein natürlich gewachsener Tuff dieser Zwiebelgewächse im Garten.

Der natürliche Charme dieses Straußes wird durch Heubüschel unterstützt, die zwischen die Zweige gesteckt und geflochten werden.

Ein Mittel gegen Ungeduld

Können Sie es nicht erwarten, daß das Leben im Garten einen neuen Zyklus beginnt. Viele frühlingsblühende Gehölze stehen schon bereit, um ihre Blütenknospen zum Schwellen zu bringen, wenn die Temperaturen endlich steigen. Nutzen Sie dieses aus und holen Sie sich ein paar Zweige in die Wohnung. Beachten Sie aber, daß die Äste nur bei frostfreiem Wetter geschnitten werden sollten. Am besten stellen Sie die Zweige von Obstgehölzen, Zierkirschen und Mandel erst einmal einige Tage in einen kühlen Raum, damit sie sich an die neuen Bedingungen gewöhnen können. Erst wenn sich die Knospen regen, also anschwellen, können die Zweige in wärmere Räume umziehen. Tulpen beleben die Blütenpracht in diesem Strauß, den man hübsch in eine Bodenvase stellen kann. Wer lieber eine Komposition in Gelb haben möchte, schneidet Haselnußzweige, Forsythien und Kornelkirschen, sowie einige Blütentriebe des Winterjasmin und ergänzt diese durch Narzissen oder gelbe Ranunkeln.

SO WIRD'S GEMACHT:

Bevor Sie mit dem eigentlichen Binden des Straußes beginnen, müssen die Zweige gut präpariert werden. Vor allem die Arten, deren Blüten sich öffnen sollen, zum Beispiel Zierkirschen, Pfirsich und Mandel, müssen nicht nur angeschnitten werden, sondern mit einem Hammer vorsichtig aufgeklopft werden, ohne daß die Gefäße gequetscht werden. Nur so ist ein ungehinderter Wassertransport möglich, und die Blüten öffnen sich nicht nur, sondern halten anschließend auch noch eine ganze Weile. Da Sie die gebundenen Zweige nicht mehr auf diese Weise behandeln können, müssen Sie die endgültige Länge vorher relativ genau abschätzen.

Das Binden beginnen Sie mit zwei bis drei gut verzweigten Ästen. Anschließend werden die Tulpen mit einigen kürzeren Zweigen davor arrangiert. Legen Sie immer wieder Heubüschel zwischen die Stiele. Wenn der Strauß fertig ist, wird das Heu etwas gelockert und nach oben gezupft.

Sie benötigen:

Tulpen
Zweige von Schneeball, Zierkirschen, Cornus alba, Birke

Beiwerk:
Heu

Purer Frühlingsgenuß im Winter

Sie benötigen:

Tulpen
Freesien
Anemonen
Ranunkeln
Hyazinthen

Beiwerk:
Ginster
Weidenkätzchen
Schusterpalmen-blätter

Mit diesem rundgebundenen Strauß können Sie Freude zu einem Geburtstag oder einer Jubiläumsfeier verschenken. Violette Tulpen und weiße Freesien schaffen eine dezente Eleganz, die durch weiße Ranunkeln, Anemonen und Ginster ergänzt und unterstrichen wird. Das Beiwerk, Schusterpalmenbätter und Weidenzweige, schaffen ein charakteristisches Aussehen dieses Straußes.
Sie betonen die Linien in die Höhe beziehungsweise zu den Seiten.

SO WIRD´S GEMACHT:

Zunächst alle Blüten vorbereiten, das heißt auf eine Länge schneiden und Blätter entfernen. Nun binden Sie einen runden Strauß, wobei Tulpen und Freesien abwechselnd angelegt und die Ranunkeln und Anemonen etwas tiefer eingearbeitet werden. Nun in diesen Strauß die Weidenzweige stecken. Achten Sie darauf, daß Sie so herausstehen, daß die Proportionen gut verteilt sind. Als Abschluß werden rundherum Ginsterzweige und Schusterpalmenblätter verteilt, die eine Manschette für diesen Strauß bilden.

Die Blüten bilden eine Halbkugel, aus der die Weidenzweige ragen. Achten Sie darauf, daß Tulpen aus der Vase wachsen. Also die Knospen immer etwas tiefer binden und beim Anschneiden später die Stiele einkürzen und ein Stück nach unten ziehen.

Elegant und üppig präsentiert sich dieser Strauß. Die ersten Gartenblumen wie Hyazinthen und Ranunkeln sowie Weidenkätzchen werden durch Freesien und Tulpen zu einem imposanten Strauß.

Die knorrig gebogene Korkenzieherhasel setzt die Stimmung des Straußes fort und vergrößert den Bereich der Dekoration. Die Zweige werden einfach auf dem Untergrund drapiert.

Gartengruß mit Pfiff

Manchmal ist es nicht einfach, die ersten Blumenkinder des Jahres in einen Strauß zu integrieren. Zum Beispiel die Krokusse, die sich nur mit Zwiebel in einen Strauß binden lassen. Hier sitzt ein solcher Kelch mitten in einem Strauß aus Hyazinthen und Tulpen, die jeweils als Gruppe angeordnet worden sind. Langlebiges Grün legen Sie außen um den Strauß, die Vorderseite wird durch das handförmig zerteilte Fatsiablatt beschrieben.

SO WIRD´S GEMACHT:

Zunächst müssen die Wurzeln an der Krokuszwiebel ausgewaschen werden, damit anhaftende Erdreste das Vasenwasser nicht verunreinigen. Nun binden Sie um die Zwiebel oberhalb der Verdickung einen Steckdraht, knipsen die Enden ab und befestigen an diesem zwei weitere Steckdrähte, mit denen Sie den Krokus später in dem Strauß fixieren, so daß die Wurzeln ins Wasser ragen. Nun beginnen Sie die Tulpen zu binden. Wichtig: Sie müssen tief eingesetzt werden, damit sie später etwas aus dem Strauß wachsen können. Zur Mitte nun den Krokus einarbeiten und anschließend die Hyazinthen ergänzen. Rundherum werden Ruskus- und Eukalyptuszweige angelegt und nach vorne ein Fatsiablatt wie eine Manschette drapiert.

Inmitten eines Tuffs aus Tulpen und Hyazinthen sitzen Krokuskelche als wunderschöne Überraschung aus dem Garten.

Sie benötigen:

Tulpen
Hyazinthen
Krokus mit Zwiebel

Beiwerk:
Ruskuszweige
Eukalyptuszweige
Fatsiablatt

Tip:
Auf dem Tisch, der Kommode oder einem Brett können Sie das Gebinde durch bizarr gewundene Korkenzieherhasel ergänzen. Diese brauchen nicht ins Wasser gestellt zu werden, wobei sich dann auch keine Kätzchen entwickeln.

Romantische Träumereien

In der kalten Jahreszeit besinnt man sich auf Gefühle. Doch ehe dabei trübe und traurige Gedanken aufkommen, sollten Sie sich auf nette, kleine Träumereien besinnen. Duftende Blüten und die richtigen Farben helfen der Romantik ganz schnell auf die Sprünge und sorgen für eine positive Stimmung.

Frische und Heiterkeit bringen Freesien mit ihrem unverkennbaren Duft in die Wohnung. Als Kontrast zu den kelchartigen Blüten wurde etwas weißer Ginster mit in den Strauß gebunden. Die grünlichen Euphorbienblüten geben dem Strauß zusätzlich einen frühlingshaften Akzent.

Sinnliche Düfte

Freesien verströmen einen wunderbaren, süßlichen Duft. Er liegt nicht schwer in der Luft, sondern schwebt leicht durch den Raum. Ein solcher rundgebundener Strauß mit pastellfarbenen Freesienblüten findet auf einem kleinen Beistelltisch oder einer Kommode immer noch Platz.

SO WIRD´S GEMACHT:
Legen Sie sich die Blüten nebeneinander auf die Arbeitsfläche. Die Ginsterzweige müssen auf die richtige Länge gebracht werden, dazu knipsen Sie längere Verzweigungen ab und teilen auch den Haupttrieb in mehrere Stücke. Achten Sie darauf, daß die Schnittstellen möglichst unsichtbar sind. Nun beginnen Sie mit einer Freesie und einer Euphorbie den Strauß zu binden. Die verschiedenen Farben sollten regelmäßig über den Strauß verteilt sein. Dazwischen immer etwas Ginster einarbeiten, damit der Strauß einen lockeren Aufbau bekommt. Außen um das Gebinde werden als Rahmen große Salalblätter gelegt. Zum Schluß müssen Sie alles mit Bast fest zusammenbinden.

Freesien sind dauerhaft und sorgen für angenehmen Duft im Zimmer.

Sie benötigen:

Freesien
Ginster
grüne Euphorbien

Beiwerk:
Salalblätter

Tip:
Wer einen solchen Strauß als Aufmunterung verschenken möchte, kann ihn mit einer breiten lila Satinschleife um die Stengel verzieren.

Valentin läßt grüßen

Sie benötigen:

kleinblumige Chrysanthemen oder Margeriten
Rosen

Beiwerk:
einen herzförmigen Draht- oder Weidenkorb
Buchsbaum
Korkenzieherweide

Der 14. Februar ist Valentinstag. Es gehört zu den alten Bräuchen, an diesem Tag der Liebsten oder dem Liebsten einen Blumenstrauß zu schenken – als Zeichen der Liebe. Keine Frage, daß hier rote Rosen gefragt sind – die Blumen, die in der Blumensprache das Symbol der Liebe sind.

SO WIRD'S GEMACHT:

Zunächst muß dafür gesorgt werden, daß der Korb wasserdicht ist. In einen Korb aus Naturmaterial legen Sie eine

feste Plastikfolie, die bis zu den Rändern hochgezogen wird. Einige Stunden muß die Steckmasse in Wasser gelegt werden, so daß sie sich richtig voll gesaugt hat. Dann legen Sie Steckmasse in den Korb. Nun wird der Buchsbaum als Rahmen am Rand entlang gesteckt. Anschließend in der Mitte die Chrysanthemen gleichmäßig verteilt stecken. Als letztes werden die Rosen eingearbeitet. Wenn noch Lücken geblieben sind, so füllen Sie diese mit etwas Buchs. Die Steckmasse sollte nicht mehr zu sehen sein. Als Abrundung werden einige Zweige Korkenzieherweide gesteckt.

In einer gelben
Glasvase wirkt
dieser Strauß
peppig und frisch.

Knopflochblumen einmal anders

Die Nelke ist keine ganz unumstrittene Blume. Die Verwendung als „Knopflochblume“ oder als Friedhofspflanze haben ihr Image etwas angekratzt. Dabei sind Nelken wunderschöne Blumen, die lange halten. In Weiß und Gelb bringen Sie Frische in die Wohnung. Unterstützt wird das Farbenspiel von weißem Ginster und gelber Solidaster. Sie können aber auch gelbe Mimosen mit in den Strauß einarbeiten. Diese verströmen einen aromatischen Duft.

Legen Sie sich das Material nebeneinander auf die Arbeitsfläche. Das erleichtert Ihnen das Arbeiten und der Strauß wird garantiert schön gleichmäßig.

Sie benötigen:

gelbe und weiße Nelken
Solidaster
Ginster

Beiwerk:
Lederfarn

SO WIRD´S GEMACHT:

Die Nelkenblüten werden zunächst mit dem Daumen etwas gelockert, damit sie wie eine füllige Quaste aussehen. Solidaster und Ginster schneiden Sie in die richtige Länge, am besten die einzelnen Stiele in kleine Büschel zerteilen. Der Lederfarn wird ebenfalls einmal geteilt. Achten Sie darauf, daß die beiden Teilstücke der Wedel gleichmäßig sind. Bei dem Stück von der Spitze müssen die unteren Fiederblätter abgestreift werden, damit Sie später nicht in das Vasenwasser ragen. Nun den Strauß rund binden. Am besten legen Sie sich in einer Reihe nebeneinander die vorbereiteten weißen Nelken, Solidaster, die gelben Nelken, Ginster und Lederfarn. Nun immer von links nach rechts einen Stiel greifen. Das erleichtert Ihnen das gleichmäßige Verteilen der verschiedenen Blüten. Die Ginsterblüten sollen wie kleine Fontänen nach außen zeigen. Als Abschluß können Sie einige Lederfarnspitzen um den Strauß legen.

Tip:
Zum Binden legen Sie sich am besten immer wie auf dem Foto die Blumen der Reihe nach auf Stöße und greifen dann von links nach rechts einen nächsten Stiel.

Verführerisch orientalisch

Sie benötigen:

Hyazinthen
Iris
Levkojen
Ginster

Hyazinthen und viele Arten der Iris stammen aus dem Orient, wo der blauen Farbe eine magische Bedeutung beigemessen wird. Wer gerne in den Märchen dieser Länder schmökert und sich von ihrer geheimnisvollen Aura angezogen fühlt, der kann sich mit den duftenden Hyazinthen, den Levkojen und den wunderschönen blauen Irisblüten ein hübsches Gesteck erarbeiten und sich so den Orient leibhaftig ins Wohnzimmer holen. Das Gesteck ist regelmäßig aufgebaut, so daß Sie es vor eine Wand stellen oder in einem entsprechenden Gefäß sogar auch an die Wand hängen können.

Tip:
Eine Zierschleife, die mit doppelseitigem Klebeband auf einen Sektkübel oder eine Blechdose geklebt wird, adelt das Gefäß zum Designobjekt.

SO WIRD'S GEMACHT:

Als Steckmasse verwenden Sie Maschendraht, der zu einer Kugel gebogen wird, oder Zweige, da die fleischigen Stiele der Hyazinthen und Iris schwer zu stecken sind. Dünne, biegsame Zweige, zum Beispiel von einer Birke wickeln Sie um die Faust und halten Sie mit einem Draht zusammen. Dieses Zweiggeflecht wird nun in das Gefäß gelegt. In den Zwischenräumen der Äste finden die einzelnen Blüten Halt. Als Hintergrund werden im Gefäß zunächst Ginsterblüten gesteckt. Dazwischen arrangieren Sie die Irisblüten wie einen Fächer. Dazu müssen die Stiele der seitlichen Blüten etwas stärker eingekürzt werden. Davor nun die Levkojen stecken und in den Vordergrund die Hyazinthen stellen. Seitlich sollten die Ginsterblüten wie ein Wasserstrahl nach außen zeigen.

Ginster lockert die kompakten Blüten auf und sorgt für ein harmonisches Gefüge in dem Gesteck.

Levkojen und Hyazinthen lassen Duftwolken von orientalischer Würze durch den Raum schweben.

Ein kleiner Strauß, bei dem die Blüten sparsam verwendet, aber dafür mit viel grünem Beiwerk harmonisch in Szene gesetzt werden.

kleine Liebelei

Ob aus der harmlosen Einladung zum Cappucino mehr wird? - Wer weiß das schon? Falls Sie also der Liebe auf die Sprünge helfen wollen, dann ist dieser kleine Strauß sicherlich das Richtige. Zartrosa Tulpen und rote Rosen, die durch einen Kranz aus Korkenzieherweide zusammengehalten und mit weißen Chrysanthemen ausgeschmückt werden, ergeben eine stimmige Komposition.

SO WIRD'S GEMACHT:

Bereiten Sie zunächst alle Blüten vor, das heißt Blätter entfernen und die Stiele frisch anschneiden. Bei den Rosen knipsen Sie auch alle Dornen ab, damit Sie sich nicht verletzen. Anschließend nehmen Sie nicht zu starke Korkenzieherweidenzweige und biegen sie vorsichtig auf die runde Form. Mit Bindedraht werden die Zweige zusammengehalten. An einer Seite dieses Kranzes werden nun zwei längere Steckdrähte fest verzwirbelt, damit Sie ihn anschließend fest in den Strauß einbinden können. Außerdem müssen Sie die Schleife vorbereiten. Nun nehmen Sie als erstes die Tulpen und einige Salalblätter, davor werden die kürzeren Rosen zusammen mit der Schleife gelegt. Fügen Sie immer etwas Lederfarn dazu, damit der Strauß füllig wirkt. Bevor Sie nun den Weidenkranz einarbeiten, müssen Sie einen Stiel der Chrysanthemen einbinden. Als letztes werden noch einige grüne Blätter und eine weitere Chrysantheme eingefügt.

Sie benötigen:

Rosen
Tulpen
Margeriten

Beiwerk:
Chicoblätter
Asparagus
Salalblätter
Lederfarn
Korkenzieherweide

Tip:
Mit attraktivem Bindegrün gewinnt jeder dünne Strauß

Exotische Extravaganzen

Der Winter hält viele bunte Kunstwerke bereit. Es sind Blüten, die aus tropischen Klimazonen stammen. Sie vertragen ohne weiteres das warme Raumklima, ohne dadurch an Blühdauer einzubüßen. Lassen Sie sich nun in die Pflanzenwelt des Dschungels mit seinen bizarren Blüten entführen.

Die gelben Staubbeutel sind ein hübscher Kontrast zu dem kräftigen Rot. Für Feierlichkeiten und auf empfindlichen Untergründen sollten diese Staubgefäße jedoch entfernt werden, da die feinen Pollen häßliche Flecken hinterlassen.

Blickfang Ritterstern

Ritterstern, Amaryllis, Hippeastrum – das sind die bekannten Namen, unter denen diese prachtvolle Zwiebelblume bekannt ist. An jedem der dicken Blütenstiele sitzt ein Quirl von drei bis vier Knospen. Sie wirken für sich bereits sehr dekorativ und brauchen im Grunde nur wenig Beiwerk. In unserem Beispiel werden dazu Ginster und Kätzchenweide sowie Ruskuszweige und Chicoblätter verwendet. Gehen Sie immer sparsam mit den Amaryllisblüten um. Das ergibt sich zwar meist schon durch den Preis, aber bedenken Sie auch die Wirkung eines Blütenstieles, an dem mehrere Blüten geöffnet sind, so daß ein sehr kräftiger Farbklecks entsteht.

Die Pracht der Rittersterne hält lange, denn nacheinander öffnen sich immer wieder neue Knospen und verwandeln sich in imposante Trompetenblüten.

SO WIRD'S GEMACHT:

Die Stiele der Amaryllis sind hohl. Beim Anschneiden kommt es daher öfter vor, daß der Stiel in Längsrichtung einreißt und sich die Enden nach oben rollen. Deshalb zunächst die Stiele mit dem Kopf nach unten halten und mit Wasser füllen, mit einem feuchten Wattepfropf schließen und mit einem Klebestreifen umwickeln. Nun beginnen Sie mit der längsten Amaryllisblüte den Strauß zu binden. Achten Sie darauf, daß die Blüten alle Platz haben, sich zu entfalten. Zwischen die Amaryllisblüten immer etwas Beiwerk einarbeiten. Der Strauß wird asymmetrisch angeordnet, so daß längere Zweige hinter die längste Blüte und die kürzeren nach vorne gebunden werden.

Sie benötigen:

Amaryllisblüten
weißen Ginster

Beiwerk:
Ruskusblätter
Salalblätter
Buchsbaum
Kätzchenweide
Chicoblätter

Tip:
Amaryllis lassen sich auf der Fensterbank preiswert aus der Knolle vorziehen.

Dem Paradies entflogen

Sie benötigen:

Strelitzien
Känguruhpfötchen
Palmenfächer
Papyrus

Beiwerk:
Chicoblätter
Asparagus
Salalblätter
Euonymus
trockene Knöterich- oder Weinranken
Schachtelhalm-Stiele
panaschierte Lorbeerrose (Kalmie)

Tip:
Ein solcher Strauß ist relativ hoch, so daß Sie ihn am besten in eine schlichte Bodenvase stellen.

Bei diesem großen Strauß kommt Ferienstimmung auf und das bißchen Fernweh, das sich in der kalten Jahreszeit gerne breit macht, läßt sich gut stillen. Die südliche Stimmung wird von den faszinierenden Strelitzienblüten getragen, aber auch die Palmenblätter, Känguruhpfötchen und der geschnittene Papyruswedel tragen dazu bei. Beachten Sie, daß die Blüten immer warm stehen sollten, denn sonst bekommen die orangefarbenen Strelitzien braune Flecken.

SO WIRD'S GEMACHT:

Legen Sie sich alle Blüten und das Beiwerk nebeneinander auf die Arbeitsfläche. Die Schachtelhalmstiele werden parallel nebeneinandergelegt und mit naturfarbenem Bast zusammengehalten. Papyruswedel bekommen Sie im Geschäft meist schon in der bürstenartigen Form. Wenn Sie aber von Ihrem Zyperngras im Topf etwas opfern, dann sollten Sie mit einer Hand die Büschel umgreifen und einmal mit der Schere die Spitzen abschneiden, damit die gleichmäßige, kugelige Form entsteht. Nach diesen Vorbereitungen beginnen Sie mit dem Schachtelhalm und einer Strelitzienblüte. Dahinter legen Sie Palmfarnblätter an, seitlich einige Känguruhblüten. Nun arbeiten Sie sich langsam nach vorne vor. Die trockenen Rebenranken, die Sie auch durch Knöterichranken ersetzten können, werden dazwischen verwoben. Ebenso die Triebe der panaschierten Kalmie locker nach vorne überhängen lassen. Als letztes werden die Palmwedel, der Asparagus, das Philodendronlaub und die Rebenranken wie eine Manschette um den Strauß gelegt und alles etwas zurecht gebogen. Damit das Palmblatt nicht zu steif nach oben steht, biegen Sie es mehrmals vorsichtig nach vorne.

Einen solchen prächtigen Strauß gönnt man sich nicht alle Tage, aber Sie können gewiß sein, daß die Mischung aus den exotischen Blüten lange hält.

Fast künstlich wirken die Anthurien, auch als Flamingoblume bekannt. Dieses Gesteck zieht die Blicke durch die intensiven Farben magisch auf sich.

Feuriges Temperament

Anthurien gehören schon zu den Klassikern im Repertoire der Schnittpflanzen. Sie haben eine längliche Blüte, die von einem herzförmigen Hochblatt umgeben ist. Dieses wirkt wie von einer Lackschicht überzogen. Es ist meistens feuerrot. Dieses Gesteck mit vier dieser ungewöhnlichen Blüten ist asymmetrisch aufgebaut und wirkt durch die Anordnung der Anthurien dennoch ganz klar.

SO WIRD'S GEMACHT:

Legen Sie die Steckmasse einige Stunden, bevor Sie mit dem Stecken beginnen, in Wasser, damit sie sich vollsaugen kann. Dann wird der Quader in das Gefäß gestellt und so abgeschnitten, daß er etwa zwei Finger breit über dem Rand des Gefäßes steht. Die Kanten werden mit einem scharfen Messer abgeschrägt. Nun die Anthurienblüten stecken, so daß die grobe Struktur zu erkennen ist. Drei Blüten werden in einer Reihe aufgestaffelt, die vierte wird als Kontrapunkt dagegen gesetzt. Nun den Rand des Gefäßes mit Salalblättern abdecken und die Zwischenräume mit dem Beiwerk füllen. Zwischen der Dreiergruppe und der einzelnen Anthurie werden als Verbindung die vier Mini-Gerbera in Gelb gesteckt, wobei die Anordnung der Anthurien wieder aufgenommen wird. Abschließend auch hier die Zwischenräume füllen und als Abschluß einige Korkenzieherweiden hinter die höchste Anthurienblüte und in den Vordergrund arrangieren. Achten Sie darauf, daß die Rinde einen rötlichen Schimmer hat, damit sich diese Zweige gut mit dem Rot der Blüten verbinden.

Sie benötigen:

Anthurien
Mini-Gerbera

Beiwerk:
Heidekraut
Korkenzieher-Hasel
weißbunte Euphorbie
Salalblätter
Buchs

Langlebige Schönheit

Sie benötigen:

Banksie
Rosen

Beiwerk:
Ruskus-Blätter
Bärengras
Salal
Asparagus
Papyrus
Schusterpalme
Schachtelhalm
trockene Weinranken
Juteschleife

Tip:
Mit einer farbigen Zierschleife können Sie jedem zurückhaltend farbigen Gebinde einen leuchtenden Akzent geben.

Exotische Sträuße haben ihren Preis, und der ist in der Regel recht stolz. Bei dieser Idee ist dieses berücksichtigt worden, daher kann der Strauß auch als getrocknetes Gebinde noch sehr schön wirken. Die ledrigen Blätter behalten ihre Farbe, ebenso die Banksie und die gleichfarbigen Rosen. Die Haltbarkeit von Rosen ist im Winter meist auf eine Woche begrenzt. Kurz bevor sie an Frische verlieren, nehmen Sie den Strauß und hängen ihn mit dem Kopf nach unten an einem Faden auf.

SO WIRD'S GEMACHT:

Bereiten Sie sich erst einmal die Juteschleife vor, indem Sie diese binden und mit einem Steckdraht versehen. Lassen Sie die Enden etwas länger, um sie später zwischen die Blüten zu weben. Zuerst wird ein kleiner Strauß aus der Banksienblüte, die übrigens mit der Ananas nah verwandt ist, dem Papyrus und den Rosen gebunden. Nun die Schleife seitlich anlegen und nach vorne hin die Rebenranken. Das verschiedenartige Grün sorgt für Fülle und gibt dem Gebinde seine charakteristische runde Form, die durch Bärengras und Schusterpalmenblätter unterstrichen wird. Durch Blattglanzspray bekommen Ruskus und Schusterpalme einen besonderen Glanz. Eine Vase in dem kräftigen Lachston der Banksie verstärkt die Farbigkeit. Als Variante können Sie auch eine rosafarbene Juteschleife verwenden, die eine ähnliche Wirkung hat.

Lassen Sie den Strauß langsam trocknen, dann hält er noch mehrere Wochen und schmückt einen alten Bauernschrank oder ein Regal. Die ledrigen Blätter behalten ihr Grün, es wird lediglich etwas matter.

Die Blüte der Banksie bestimmt diesen Strauß. Die Farbe des Ananasgewächses wird durch wenige Rosen und die Vase verstärkt.

Verschiedene orangefarbene Blüten zusammen mit frischem Grün geben dem Strauß ein sommerliches Aussehen, das den trüben grauen Winteralltag belebt.

Fast schon eine Sommerlaune

Wärme und Sonnenschein beleben das Leben im Sommer. Der Eindruck von buntem Treiben kommt auch bei diesem Gebinde auf. Mit Ringelblumen und Muschelblumen aus dem Repertoire der Sommerblumen sowie den beiden Exoten namens Sanderina und Bulbiane wird diese Atmosphäre erzeugt. Außerdem verstärken Kumquats, eine Art Mini-Orange, die auf Draht gesteckt wurden, die angenehm wärmende orange Farbe des Straußes.

SO WIRD'S GEMACHT:

Bereiten Sie alle Blüten vor, indem Sie sie frisch anschneiden. Die Sandarinaglöckchen sind etwas empfindlich und bekommen leicht Dellen, so daß Sie diese am besten in einem Gefäß aufrecht lagern. Sanderina und Muschelblume machen den Anfang des Straußes. Versuchen Sie, dem Strauß nach allen Seiten ein gleichmäßiges Gesicht zu geben. Die Ringelblumen arbeiten Sie kurzstielig ein, damit sie dezent die Farbe unterstützen. Zu den Muschelblumen ordnen Sie die treibenden Korkenzieherweidenzweige an. Außen herum werden nun die großen Salal- und Philodendronblätter gelegt, die das exotische Flair unterstützen. Nun binden Sie den Strauß zusammen und bereiten die Kumquatdrähte vor. Sie werden in den Vordergrund als Abschluß gesteckt. Wenn Sie ungeübt sind im Binden von Sträußen, können Sie diesen Strauß auch in eine natürliche Steckhilfe oder eine aus Maschendraht geformte stecken.

Sie benötigen:

Ringelblumen
Sanderina
Bulbianen
Muschelblume

Beiwerk:
Kumquat
Salal
Philodendron-Blatt
Korkenzieherweide

Kumquats gibt es im Obsthandel. Es sind kleine Orangen. In diesem Strauß werden Sie wie Perlen auf einen Steckdraht gefädelt. Die fruchtigen Spieße lassen sich in unterschiedliche Formen biegen.

Farbenfrohe Frühlingsboten

Schon Wochen bevor der Frühling endlich beginnt, hält er bereits in den Blumenläden Einzug. Die gärtnerische Kunst läßt die begehrten Pflanzen, wie Tulpen, Narzissen, Hyazinthen, Primeln, Mohn und viele andere kleine Blütenpflanzen schon Monate früher erblühen. Lassen Sie sich von der Farbenpracht und Vielfalt zu dem einen oder anderen kleinen Frühlingsfest in Schalen, Vasen oder Körben mitreißen.

Der kleine Turm aus den verschiedensten Narzissensorten verströmt einen aromatischen Duft. Das Gesteck braucht wenig Platz.

Symphonie in Gelb und Weiß

Narzissen kennen wir im allgemeinen als Osterglocken in reinem Gelb und mit der langen, trompetenartigen Kronröhre. Doch das Repertoire ist viel breiter: kleine, mehrblütige, cremefarbene, gefüllte und duftende Blüten sowie solche mit einer kurzen Kronröhre wie die Dichternarzissen. Diese Vielfalt macht den Zauber dieses Gesteckes aus. Übrigens: Sie bekommen wahrscheinlich nicht alle Sorten im Handel als Schnittblumen, sondern als angetriebene Zwiebeln im Topf. Das ist kein Nachteil, zumal diese Blüten meist wesentlich billiger sind als die geschnittenen.

SO WIRD'S GEMACHT:

Wenn Sie angetriebene Zwiebeln haben, so schneiden Sie die Blüten einige Stunden vor dem Stecken und lassen diese in einer Vase mit Wasser stehen. Dieses dient dazu, daß der giftige Schleim ausblutet und die Qualität des Wassers später nicht beeinträchtigt. Nun bereiten Sie sich ein Gefäß zum Stecken vor. Nehmen Sie kein künstliches Steckmoos, sondern eine natürliche Steckhilfe aus Zweigen, da die Narzissen sehr weiche, dicke Stiele haben. Nun werden die Ränder mit Buchsbaum verdeckt und die Narzissen arrangiert. Die Mitte des Gestecks wird mit einer Kätzchenweide markiert. Die kurzstieligen Arten beziehungsweise Sorten ordnen Sie am äußeren Rand an, die längeren weiter zur Mitte. Drehen Sie das Gefäß Stück für Stück, damit es zu allen Seiten gleichmäßig gearbeitet ist. Buchsbaum wird immer wieder dazwischen gesteckt, um die Übergänge zu füllen. Als letztes noch ein paar Weidenkätzchen dazustecken.

Sie benötigen:

verschiedene Narzissensorten, eventuell auch Topfware

Beiwerk:
Buchsbaum
Weidenkätzchen

Tip:
Narzissen gibt es im nächsten Supermarkt für wenig Geld. Sie passen zu allen Obstgehölzzweigen.

Eine kleine Frühlingswiese

Sie benötigen:

Zwiebeliris
(Iris reticulata)
Krokusse
kleinblumige
Narzissen oder
Tazetten

Beiwerk:
Heu
rote Steckzwiebeln

Tip:
Alle Pflanzen sind in den ersten Wochen des neuen Jahres in Gärtnereien erhältlich. In verschiedenen Pflanzgefäßen lassen sich „Wiesenlandschaften" auf den jeweiligen Einrichtungsstil abstimmen.

Wiesen mit kleinblütigen Pflanzen sind charakteristisch für den Frühling. Schaffen Sie sich eine solche kleine Wiese, indem Sie vorgetriebene Zwiebelpflanzen und auch Stauden wie Primeln und Leberblümchen zusammen in eine Schale oder einen Korb setzen. Das Gras kann auf unterschiedliche Art und Weise in den Zwischenräumen nachgebildet werden: Entweder Sie verwenden Heu, oder Sie säen zwischen die noch knospigen Pflanzen Kresse oder Moospolster. Aber bitte nur solche, die gekauft wurden, denn in Wald und Flur stehen die verlockenden grünen Kissen unter Naturschutz.

SO WIRD'S GEMACHT:

Nehmen Sie ein wasserdichtes Gefäß oder legen Sie Schalen und Körbe grundsätzlich mit Folie aus. Füllen Sie nun etwas Kies, Blähton oder einige Tonscherben als Dränage hinein. Nachdem Sie die Pflanzen arrangiert haben, breiten Sie Heu zwischen ihnen aus und als Abschluß legen Sie einige rotschalige Steckzwiebeln in eine Kuhle aus Heu.

Krokusse und Iris, Narzissen und Heu machen aus der kleinen Schale eine Frühlingswiese, die bei einem kühlen Standort lange für hübsche Blütenpracht sorgt. Bei frostfreiem Wetter kann man die Schale auch im Freien aufstellen.

Die langen rosa Tulpen wirken wie gelackt. Sie dürfen aus dem Strauß herauswachsen. Ihre Eleganz wird von den Schusterpalmenblättern und Jasminranken aufgegriffen. Wiesenkerbel und Hortensien lockern die schwungvollen Linien auf.

Eleganz der ersten Blüten

Wer sich einmal ein etwas üppigeres Gebinde leisten möchte, kann mit den zarten Pastelltönen eine wunderschöne und elegante Komposition schaffen. Diese hier lebt von dem Schwung der langstieligen Tulpen, dem zarten Duft des Jasmin und dem intensiven Wasserblau der Hortensien. Eine natürliche Note bekommt das Arrangement durch die großen Dolden des Wiesenkerbels mit seinen feinen, weißen Blüten. Die Formen der unterschiedlichen Blüten ergänzen sich zu besonderer Schönheit.

SO WIRD´S GEMACHT:

Legen Sie sich alle Blüten frisch angeschnitten auf die Arbeitsfläche und beginnen Sie mit den langen Tulpen und Blattwerk das Binden. Nun etwas Wiesenkerbel, Bärengras und Jasminranken anlegen und wieder zu den Tulpen greifen. Lassen Sie die Jasminranken möglichst lang, damit sie später elegant zwischen den Blütenstielen hindurchfließen können. Vorne läßt man die Tulpen etwas kurzstieliger und verbindet Sie mit den Hortensiendolden. Wichtig: Die Hortensien müssen tief im Wasser stehen, sonst werden sie rasch welk. Daher auch später regelmäßig den Wasserstand in der Vase kontrollieren. Zum Abschluß Efeu, Salal- und Schusterpalmenblätter anlegen. Letztere bekommen ihren Glanz durch einen Hauch von Blattglanzspray. Sie sollten die Blätter vorsichtig umbiegen, damit sie schwungvoll den Strauß einrahmen und nicht zu steif stehen. Auf dem dunkelgrünen Untergrund kommen die weißen Jasminblüten besonders gut zur Geltung.

Sie benötigen:

Tulpen
Hortensien

Beiwerk:
Jasminranken
Bärengras
Wiesenkerbel
Salalblätter
Schusterpalmenblätter
panaschierte, kleinblättrige Efeuranken

Buntes Mittel gegen Trübsal

Sie benötigen:

Anemonen

Beiwerk:
Lederfarn

Farben sind die besten Heilmittel gegen trübe und traurige Gedanken. Keine Frage, daß Anemonen da besonders gut helfen, denn sie haben kräftig lilablaue, knallrote und rosa Blüten. Ein kleiner bunter Strauß aus diesen Blüten mit etwas Farngrün verbunden, wirkt äußerst belebend.

SO WIRD'S GEMACHT:

Legen Sie sich alle Blüten nebeneinander auf die Arbeitsfläche. Die Wedel des Lederfarnes können Sie in der Regel in zwei Stücke teilen, da der Anemonenstrauß nicht so groß ist. Lassen Sie die Spitze etwas länger als das untere Stück, schließlich müssen noch die unteren Fiederblätter abgestreift werden, damit sie leicht mitgebunden werden können. Am besten legen Sie die Spitzen separat, denn sie werden wie eine Manschette als Abschluß um die Blüten gelegt. Sie beginnen nun den Strauß von der Mitte zu binden. Wechseln Sie immer wieder Blüten und Farn ab, damit der Strauß Fülle bekommt. Außerdem müssen Sie bei knospigen Anemonen achten, daß die einzelnen Blüten locker sitzen, damit sich die Blütenblätter nicht gegenseitig behindern oder verdecken. Die Farben sollten gleichmäßig verteilt sein. Wenn der Strauß fertig ist, werden die Stiele auf eine Länge geschnitten. Dabei die Anemonen immer leicht schräg anschneiden und die weichen Stiele möglichst nicht quetschen.

Tip:
Mit Rosen und Vergißmeinnicht zusammen wirken Anemonen geradezu edel.

Anemonen haben so intensive und leuchtende Blüten, daß man sich von dieser Kraft leicht mitreißen lassen kann.

Jede einzelne Mohnblüte hat eine eigene Geschichte zu erzählen. Lassen Sie sich von jeder Blüte diese kleine Story erzählen und schenken Sie ihr in einzelnen Gefäßen Aufmerksamkeit.

Eigenwillige Grazien

Eine der elegantesten Blüten der Wintermonate ist der Seidenmohn. Die Schönheit beginnt bereits im Knospenstadium, wenn nur wenig von einem der seidig zerknitterten Blätter aus den stark behaarten Knospen ragt. Zu diesem Zeitpunkt werden die Blüten geerntet und kommen in die Geschäfte. Von nun an beginnt ein eigenwilliges Schauspiel: Das Seidenkleid entfaltet sich, bleibt aber immer noch edel knittrig, mal haften die Kelchblätter etwas länger, mal fallen Sie früh ab. Allmählich stehen die Blütenblätter ab, wie der Tütü einer Balettänzerin, wobei sich in der Mitte Narbe und Staubgefäße aufbauen. Mal ist der Mohn zart rosé, lachs oder schwefelgelb und mal knallig orangerot. Gerade wer nur über ein schmales Budget für Schnittblumen verfügt, sollte sich das Schauspiel des Mohnes in die Wohnung holen. Fünf einzelne Blüten reichen schon aus, um ein Fensterbrett oder ein Tischchen zu dekorieren. Dazu ist es kinderleicht zu arrangieren.

SO WIRD'S GEMACHT:

Der Mohn muß, bevor er in die Vase gestellt wird, präpariert werden. Meistens ist dies bei den in Handel angebotenen Stielen bereits geschehen. Sie dürfen aber nur in der unteren, deutlich anders gefärbten Zone die Blüten anschneiden. Wenn Sie den Schnitt höher ansetzen, müssen die Stiele nochmal präpariert werden. Dazu wird das frisch angeschnittene Stielende für wenige Sekunden in eine brennende Flamme gehalten. So kann kein Milchsaft austreten, der die Gefäße verstopft, wenn er gerinnt.

Sie benötigen:

Seidenmohn

Tip:
Wer das Arrangement beleben möchte, kann auch unterschiedliche Flaschen oder farbige Vasen wählen. Sie können die Gefäße auch als kleines Stilleben arrangieren, anstatt sie in einer Reihe aufzubauen.

Blumentagebuch für die Wand

Sie benötigen:

bunte Holzstäbe
Golddraht
einzelne Weidenkätzchen
Efeublätter
Hyazinthenblüten
Papyrusbüschel
Milchsternblüten

Es gibt Blumensträuße, von denen man sich nur ungern trennt, wenn sie verblüht sind. Erinnerungen an schöne Stunden, an einen lieben Menschen oder einen wichtigen Anlaß verbinden sich mit den inzwischen verwelkten Blüten. Doch ihn stehen zu lassen, wäre wirklich nicht dekorativ. Also sehen Sie sich den Strauß noch einmal vor dem Wegwerfen genau an. Trockene Blütenblätter von Rosen, Hyazinthen, Ringelblumenreste, aber auch Weidenkätzchen und Samenstände behalten einen gewissen Reiz. Mit Golddraht auf einen kleinen Rahmen gespannt und geklebt, lebt das Erinnerungsstück als besonderes Schmuckstück noch wochenlang weiter. Sie können es ergänzen oder immer wieder neu bespannen, vielleicht entdecken Sie so aber auch eine Möglichkeit, Freude zu verschenken – und gleichzeitig den Geldbeutel zu schonen.

SO WIRD'S GEMACHT:

Nehmen Sie einfache Splintstäbe, die zum Anbinden von Blumen benutzt werden. Diese streichen Sie in Ihrer Lieblingsfarbe oder in einem Ton, der zu Ihrer Wohnung paßt. Nun suchen Sie sich die verschiedenen Pflanzenteile aus einem Strauß und legen Sie nebeneinander. Mit getrockneten Erbsen, Bohnen oder Linsen können Sie das kleine Kunstwerk ergänzen. Zunächst aus den Stäben den Rahmen arbeiten. Nun wickeln Sie ein Ende des Golddrahtes wie eine Spirale um einen Stab und fädeln Blütenblätter auf. Immer wieder werden die Drähte neu gespannt, so daß ein dichtes Netz entsteht. Wenn das Dreieck locker verteilt mit Drähten versehen ist, nehmen Sie einen Pflanzenkleber, um die Blütenblätter und das Laub, das Sie ausgesucht haben, auf den Rahmen oder den Draht zu kleben. Für kräftigere Stücke, wie Weidenkätzchen oder Hülsenfrüchte, nehmen Sie die Heißklebepistole. Mit Anglerschnur wird das Erinnerungsstück aufgehängt.

Das Dreieck besteht aus ganz einfachen Steckhölzern, die blau gefärbt sind. Mit Golddraht wird das Wandobjekt bespannt und mit Pflanzenkleber und der Heißklebepistole werden kleine Blüten und Blätter darauf fixiert.

Lust auf mehr?

Weitere Floristik-Titel

Ute York
Floristik mit Obst, Gemüse und Kräutern
64 Seiten, 70 Farbfotos
ISBN 3-89440-179-6

Ute York
Schöne Adventskränze
64 Seiten, 70 Farbfotos
ISBN 3-89440-178-8

Fritz Glunk
Sag es mit Blumen
64 Seiten, 70 Farbfotos
ISBN 3-89440-203-2

Ute York
Blumensträuße für jede Gelegenheit
64 Seiten, 80 Farbfotos
ISBN 3-89440-169-9

Lucia Boch
Blumenschmuck für die Hochzeit
64 Seiten, 80 Farbfotos
ISBN 3-89440-168-0

Paula Pryke
Neue Blumenarrangements
192 Seiten, 284 Fotos
ISBN 3-89440-197-4

aus dem

Natur Buch
VERLAG